Paul White

Von Affen, Giraffen und anderen Tieren

Christliche
Literatur-Verbreitung e.V.
Postfach 11 01 35 · 33661 Bielefeld

1. Auflage 2010 (CLV)

Originaltitel: Jungle Doctor's Monkey Tales
Originalverlag: The Paternoster Press, Exeter, Großbritannien
Die deutsche Ausgabe erschien erstmals 1973 im Oncken Verlag
Wuppertal

© der deutschen Ausgabe 2010
by CLV · Christliche Literatur-Verbreitung
Postfach 11 01 35 · 33661 Bielefeld
Internet: www.clv.de

Umschlag: typtop, Andreas Fett, Meinerzhagen
Satz: CLV
Druck und Bindung: CPI – Ebner & Spiegel, Ulm

ISBN 978-3-86699-115-6

Inhalt

»Hunde sind kluge Tiere«, sagte Daudi.

M'gogo stimmte zu. Wie oft und wie sehnlich hatte er sich einen eigenen Hund gewünscht, am liebsten einen …

Daudis Stimme weckte ihn aus seinen Gedanken.

»Stell dir vor, Chibwa ist Vater geworden. Das hier ist der kleinste Welpe.«

M'gogo streichelte das kleine Tier. »Herrlich, so ein Tier! Hongo.«

Der Gehilfe des Dschungeldoktors legte das Hündchen dem afrikanischen Jungen in die Arme. Dabei lächelte Daudi und sagte: »Ich schenke es dir. Sorg gut dafür, denn es ist noch nicht lange auf der Welt und noch schwach.«

»Kah!«, jubelte der entzückte M'gogo. »Assante Muhawa, danke Daudi! Ich will tun, was du mir sagst. Heute Abend, wenn du wieder Geschichten erzählst, bringe ich das Hündchen mit.«

Der kleine Hund leckte seine Hand.

M'gogo strahlte. »So ein kleiner Hund!«

Daudi nickte. »Er wird dir viel Arbeit machen, aber auch viel Freude!«

Eine Ziege,
die ein Löwe werden wollte

Daudi blickte gespannt in die Gesichter seiner Zuhörer, die er nur undeutlich im Feuerschein erkennen konnte. Er lächelte, als er M'gogo sah, der auf einem großen Kürbis saß und sein Hündchen zärtlich im Arm hielt. Daudi ging auf und ab; in der Hand hatte er die kleine Ziege, die Johann geschnitzt hatte.

»Hongo«, sagte er, »es war einmal eine Ziege, die war sehr stark. Das sah man ihr schon von Weitem an. Sie stank auch dementsprechend.«

Auf diese Bemerkung folgte großes Gelächter und Nasenrümpfen.

Daudi fuhr fort:

M'buzi, die Ziege, warf den Kopf mit den kräftigen Hörnern zurück und spürte, dass ihr viel bewunderter Bart mitschwang. »Ich bin wirklich eine außergewöhnlich starke Ziege, ein herrliches Tier«, sagte sie zu ihrem Schatten. »Ich sollte nicht länger nur eine Ziege bleiben.«

Die Gedanken wirbelten nur so in ihrem Kopf herum, und zuletzt hatte sie eine glänzende Idee. Mit ihrer hohen und lauten Stimme verkündete sie dem Dschungel: »Ich will ein Löwe werden.«

Doch niemand nahm Notiz davon. Alle waren an die Lebensart und das Gemecker der Ziege gewöhnt.

Aber M'buzi war so eigensinnig wie alle Ziegen. So stolzierte sie zum Buyubaum, auf dem Nyani, der Affe, saß und sich energisch und erfolgreich lauste.

»Nyani«, rief sie, »ich möchte unbedingt ein Löwe werden. Da du ein gebildeter Mann bist, verrate mir, wie aus Ziegen Löwen werden.«

Der Affe hängte sich an seinem Schwanz auf, um besser nachdenken zu können. Er verfiel in tiefes Grübeln. Dann schwatzte er sehr gelehrt. Schließlich schwang er sich auf einen bequemen Ast und begann zu erklären:

»Das ist ganz einfach, o Ziege, aber du musst verschiedene Sachen tun. Hör also genau zu!«

M'buzi nickte und blickte in die Zweige

hinauf. Sie wusste: In dieser Stellung kam ihr Bart vorteilhaft zur Geltung.

Nachdenklich brach der Affe einen kleinen Zweig nach dem anderen ab und schnippte sie in das ihm zugewandte Gesicht der Ziege. Er erhob die rechte Hand und sprach bedächtig: »Für Ziegen, die Löwen werden wollen, gibt es vier Regeln. Erstens: Sie müssen dahin gehen, wo Löwen leben.«

Er machte eine Pause und hob den zweiten Finger seiner Affenhand hoch. »Zweitens: Sie müssen tun, was Löwen tun.«

Die Ziege nickte und räusperte sich. Aber Nyani fuhr schnell fort: »Drittens: Ziegen, die Löwen werden wollen, müssen wie Löwen sprechen.«

Nyani setzte sich sehr aufrecht hin und bewegte seinen kleinen Finger: »Schließlich musst du viertens essen, was Löwen essen. Wenn du all das befolgst, wirst du ein Löwe werden.«

Die Ziege rollte die Augen und versuchte nachzudenken.

»Hingehen, wo Löwen sind«, wiederholte sie. »Tun …«

Die Worte verloren sich in einem undeutlichen Murmeln.

»Sprechen …«

Sie versuchte zu brüllen, aber ihre Stimme überschlug sich. Dann hielt sie inne, weil sie sich an den vierten Punkt nicht erinnern konnte. Doch der Affe half nach: »… und essen, was Löwen essen.«

Mit einem triumphierenden »Mäh« marschierte die Ziege weg und bewegte ihre Beine dabei so löwenmäßig wie möglich.

Mit dem Schwanz kam sie nicht so gut zurecht, denn ein Ziegenschwanz ist ein ruheloses kleines Ding. Mit einer gewaltigen Anstrengung jedoch bekam sie ihn unter Kontrolle. Ruhig und würdig ging sie auf der Mitte der Straße entlang.

Im Schatten eines Felsens hielt sie an und übte zuerst das Brüllen. Gelegentlich mischte sich immer noch ein hohes Meckern in ihr Gebrüll. Das durfte zwar nicht sein, aber sie vergaß es, als sie einen großen Knochen entdeckte. Eifrig nahm sie ihn auf und begann abwechselnd zu nagen und zu brüllen. Nach dieser sehr befriedigenden Übung klemmte sie den Knochen sorgfältig unter ihr linkes

Bein und wiederholte: »Gehen und tun, sprechen und essen.«

Sie ging wieder genau in der Mitte der Straße. Dabei sagte sie mit einer neuen, tiefen Stimme, die noch immer etwas an eine Ziegenstimme erinnerte: »Dahin gehen, wo Löwen leben. Tun, was Löwen tun. Sprechen, wie Löwen sprechen. Essen, was Löwen essen.«

M'buzi hielt an, sie fühlte sich plötzlich beobachtet. Mit einem schwachen Lächeln dachte sie: »Ob ich jetzt einem anderen Löwen begegne?«

Ein langer Schatten legte sich auf einmal über den Weg. Die Ziege brachte ihren Schwanz zur Ruhe, nagte an ihrem Knochen und stolzierte weiter. Dabei kräuselten sich die Muskeln wellenförmig unter ihrem Fell. Das ist bei Ziegen so, wenn sie eine Gänsehaut bekommen.

Von ihrer großen Höhe lächelte die Giraffe Twiga auf sie herab.

»Die Sonne hat in diesen Tagen besonders viel Kraft, M'buzi«, bemerkte sie. Ihre Stimme klang seltsam besorgt.

Die Ziege erholte sich schnell. Sie brüllte

als Antwort und schwang ihren Knochen auf bedrohliche Weise.

»Ich bin ein Löwe, ich werde dich fressen, Twiga.«

»Ja, ja«, meinte Twiga in beruhigendem Ton, »schon gut. Sei eine vernünftige Ziege, geh heim, nimm zwei Paw-Paw-Blätter, drück auf jede Seite des Kopfes eines und leg deinen Kopf auf einen kühlen Stein. Morgen wird es dir besser gehen.«

Die Ziege stieß einen fürchterlichen Laut aus, der aber mit einem schrillen Misston endete.

»Ich bin ein Löwe, ein Lö-öwe, ein Lö-ö-ö-we!«

Die Giraffe blickte voller Mitleid auf sie herab, dann nickte sie freundlich und ging ziemlich hastig davon.

Die Tränen liefen der Ziege in den Bart hinunter. Sie eilte zum Buyubaum zurück, wobei sich ihre Beine und ihr Schwanz genauso wie bei jeder anderen Ziege bewegten.

»Affe«, meckerte sie, »ich bin völlig unglücklich! Die Giraffe hat mich ausgelacht, und siehst du, ich bin immer noch eine

Ziege! Ich habe getan und gesprochen und gegessen und bin gegangen und …«

Sie war wirklich unglücklich und ihre Stimme war nur ein tränenersticktes Meckern.

Nyani, der Affe, dachte über das Problem nach. Er kratzte sich hinter den Ohren; doch erfolglos, denn seine Gedanken arbeiteten nur langsam. Endlich hatte er die Antwort!

»Hongo«, sagte er. »Kein Wunder! Wie dumm von mir! Natürlich genügt das nicht.«

Die Ziege richtete sich ungeduldig auf.

»Was muss ich noch tun?«

Aber der Affe war schon außer Reichweite. Sie sah, wie er Rinde vom Baum abzog. Dann sprang er auf den Boden, suchte sich ein Stück Holzkohle und setzte sich auf einen glatten Felsen. Er arbeitete mit großer Konzentration.

Die Ziege blickte ihm über die Schulter und sah seltsame Zeichen, die aussahen wie das Wort »Löwe«.

»Das musst du tragen«, sagte der Affe, bohrte seinen Finger durch die Rinde und schob sie über das kürzere von M'buzis Hörnern. »Das ist es!« Er trat zurück, um sein Werk zu bewundern.

»Du hast nun ein Schild um. Alle im Dschungel, die lesen können, werden jetzt wissen, dass du ein Löwe bist.«

Freudige Erregung ergriff die Ziege, und sie hörte kaum noch hin, als der Affe sagte: »Und alles, was du vielleicht als Geschenk unter diesem Buyubaum zurücklassen möchtest, werden wir zu schätzen wissen.«

Aber sie dachte nicht an Geschenke. In ihrem Inneren hegte sie Löwengedanken. Majestätisch, wie der König der Tiere, schritt sie durch den Dschungel. Ihr Schwanz bewegte sich dabei nach Löwenart langsam hin und her. Es war furchtbar anstrengend. Aber ihr Meckern wurde mit jedem Schritt mehr zu einem Brüllen, und die Art, wie sie an ihrem Knochen nagte, hätte jedem Löwen Ehre gemacht. — »Gehen und tun und essen und sprechen«, murmelte sie vor sich hin.

M'buzis Augen leuchteten auf, als sie im Schatten eine Bewegung wahrnahm. Hier war bestimmt einer ihrer neuen Artgenossen. Sie ging weiter, und plötzlich rümpfte sie verächtlich die Nase, denn sie hatte bemerkt, dass das Tier, das auf sie zukam, nur ein Zebra war.

Das gestreifte Tier stand still und sah die Ziege neugierig an. Diese nagte und knurrte nach bester Löwenart.

Das Zebra lächelte. »Die Sonne ist in diesen Tagen sehr heiß. Denkst du, es ist klug, mitten am Tag auszugehen?«

Die Ziege machte ihre Stimme so tief wie möglich und antwortete: »Ich werde dich auffressen, wenn du nicht vorsichtig und ehrerbietig zu mir bist. Siehst du nicht, dass ich ein Löwe bin?«

Sie hielt dem Zebra ihr Schild unter die Nase.

»Ich gehe dahin, wo Löwen leben. Ich tue, was Löwen tun. Ich esse, was Löwen essen, und ich sage, was Löwen sagen.«

Das Zebra nickte. »Natürlich tust du das. Aber nun geh nach Hause, wickle deinen Kopf in Paw-Paw-Blätter ein und leg ihn auf einen glatten, kühlen Stein, dann wirst du dich bald besser fühlen …«

Ihr Schwanz zuckte ganz ziegenmäßig, als sie zornig den Weg hinunterrannte. Ihr Schild flatterte ungelesen im Wind. Das Zebra sah ihr nach und lachte so, dass die Streifen auf seiner Haut durcheinandergerieten.

M'buzi ging weiter in die Richtung, in der sie Löwen vermutete. Sie musste um einen großen Felsen herumgehen. Und als sie vor einer schattigen Höhle ankam, vervielfachte das Echo die Gewalt ihres Gebrülls.

Die Ziege brachte ihr Schild in Ordnung und übte noch einmal sorgfältig ihren Auftritt.

Dann rief sie: »Wohnt da ein Löwe?« Ihre Stimme war tief und voll. »Wohnt da ein Löwe?«, wiederholte das Echo.

M'buzi bekam wieder eine Gänsehaut.

»Wohnt da ein L...ö...w...e...?«, brüllte sie und lauschte.

Das Echo warf ihre Stimme zurück.

Auf einmal wurde das Echo lauter und lauter, dabei hatte sie schon lange zu rufen aufgehört. Das verwirrte sie.

Da entdeckte sie im Sonnenlicht einen dunklen Schatten.

M'buzi sprach wieder, diesmal ziemlich hoch und schrill: »Ich bin ein Löwe geworden ...«

Plötzlich verstummte sie. Sie hatte einen mächtigen Schwanz erblickt, der sich majestätisch hin und her bewegte. Ein ausgesprochen unbrüderliches Gefühl überkam sie, als ein heißer, hungriger Atem über ihr Gesicht strich. Riesige Pranken sausten auf sie herab und dabei wurde das Schild abgestreift. Die Höhle war von donnerartigem Gebrüll erfüllt, das sich langsam in ein geordnetes Geräusch verwandelte: das Kauen und Schnappen mächtiger Kiefer.

»Was ist aus der Ziege geworden?«, fragte eines der kleineren Kinder.

Daudi schwieg einen Augenblick.

»Sie ist eine Löwenmahlzeit geworden.« Das war M'gogos Stimme.

»Sicher«, lächelte der Krankenpfleger. Nach einer Weile fügte er nachdenklich hinzu: »Es gibt nur einen Weg, wie aus einer Ziege ein Löwe werden kann.«

Wieder herrschte Schweigen.

Dann antwortete eine Stimme: »Der einzige Weg für eine Ziege wäre, ein zweites Mal geboren zu werden, und zwar als Löwenjunges.«

Daudi sprang auf. »Richtig! Genau das ist

es. Jesus hat genau diese Worte gebraucht: Du musst ›wiedergeboren‹ werden, wenn du Christ werden willst. Jesus wurde gekreuzigt, und nach drei Tagen ist er auferstanden. Aber nicht, um bessere Menschen von der alten Art, sondern um neue Menschen zu schaffen. Wenn man meint, man wird Christ, indem man bestimmte Dinge tut und sagt – selbst wenn man sie mit zum Himmel gewendeten Augen sagt –, so ist das die reinste Affenweisheit.«

Seine Zuhörer saßen sehr still da.

»Wenn wir nur der vereinten Weisheit von Ziege und Affe folgen, werden wir sehr wenig Freude haben.«

»Aber ...«

Daudi sah nach der Richtung, aus der die Stimme kam.

»Ja? – Wolltest du etwas fragen?«

»Wie wird man denn ein neuer Mensch?«

»Das erzählt euch Johann morgen Abend. Nun schnell ins Bett!«

Nachdenklich liefen die Kinder auf die erleuchteten Fenster des Krankenhauses zu.

Der Affe im Löwenfell

Johann, der gelähmte Holzschnitzer, saß im Schatten eines Granatapfelbaumes, schnitzte, arbeitete und pfiff vor sich hin. Bald war er von einer Schar Zuschauer umgeben, die sich mit gekreuzten Beinen hinsetzten und ihn beobachteten.

»Was schnitzt dein Messer, OFundi?«, fragte einer.

Ein Lächeln huschte über das ruhige Gesicht. »Heute Abend, wenn das Lagerfeuer angezündet ist, wirst du es wissen. Ich werde dir die Geschichte von Toto erzählen und wie er ein neues Geschöpf werden wollte.«

Den ganzen Tag über saß Johann im Schatten und schnitzte. Bei Sonnenuntergang war ein Elefant aus Holz entstanden, der von der Spitze seines Rüssels bis zum Schwanzende maßlose Wut ausdrückte. In dem flackernden Feuerschein schien er vor Zorn zu beben.

M'gogo flüsterte seinem kleinen Hund zu: »Er sieht böse aus, aber du musst keine Angst haben, er ist nur aus Holz.«

»Warum ist der Elefant so wütend, OFundi?«,

fragte einer, als Daudi kam und sich neben Johann setzte. Daudi lächelte dem Künstler zu, und so fing dieser an zu erzählen:

Toto, der Affe, schwang sich lustlos durch den Urwald. Das unglückliche Ende der Ziege machte ihn traurig und lastete auf ihm.

»Die Ziege war zu unvorsichtig«, murmelte er. »Bei etwas mehr Vorsicht wäre alles gut gegangen.«

Er seufzte tief und kletterte auf den Buyubaum, der bei dem Haus des Jägers M'schale stand. Nervös kaute er an seinem Schwanzende. Aber das Affengedächtnis ist kaum besser als die Affenklugheit. Bald hörte er auf, am Schwanz zu kauen. Denn da drüben trug die Frau des Jägers ein Löwenfell in die Sonne hinaus. Die sollte die vielen Dudus vertreiben, die sich darin eingenistet hatten. Toto sah, wie die Dorfkinder unter dem Buyubaum spielten und der kleinste Sohn des Jägers sich das Löwenfell über die Schultern warf und versuchte, die anderen zu erschrecken.

Totos Augen leuchteten auf. Ihm war ein Einfall gekommen. »Mit einem Löwenfell bekleidet werde ich ein neues Geschöpf, ein richtiger Löwe sein.«

Er sprang vom Ast, riss dem verblüfften Kind das gelbe Fell weg und hetzte zu seinem Familienbaum. Dabei arbeiteten seine Gedanken sehr schnell, wie das bei Affen üblich ist.

Die Giraffe Twiga und ihr langhalsiger, noch unerfahrener Neffe Raff standen im Dorngestrüpp und beobachteten ihn. Sie lächelten, als sich Toto auf einem dicken Ast aufrichtete und das Fell anprobierte.

»Nicht ganz seine Größe!«, flüsterte Raff.

Twiga nickte. »Er glaubt wirklich, er wäre jetzt ein Löwe.«

Raffs Ohren zuckten in einer Art, die deutlich verriet, was er dachte.

Vier Giraffenaugen wandten sich plötzlich einer Stelle in der Nähe der Müllgrube zu, wo die Hyäne Mbisi von Fliegen umschwärmt herumschnüffelte. Sie roch den Löwengeruch, der ein lautes Warnsignal für sie war. Sie roch natürlich auch den Affen, aber der ganze Dschungel war voller Affen. Dann schlich sie sich hastig in ihre Wohnung, ein tiefes Loch, und dachte dabei nur an Löwen.

Sie sah sich kein einziges Mal um. Ihre Nase hatte sie gewarnt, und sie wusste, dass Hyänenbeine kürzer sind als Löwenbeine.

Toto war entzückt, als sich der Straßenfeger des Dschungels in seinem Lager verkroch. Er wand sich voller Stolz in seinem neuen, ziemlich schlecht sitzenden Fell und kicherte fröhlich.

»Die Hyäne dachte, ich wäre ein Löwe. Und das nur wegen meiner neuen Haut!«

Twiga beugte ihren langen Hals gut einen Meter herunter, um ihrem Neffen ins Ohr zu flüstern: »Es ist nicht schwierig, die hereinzulegen, die nur ihrer Nase folgen und ihre Augen nicht gebrauchen.«

Die kleine Giraffe stand auf ihren noch unsicheren Beinen und nickte. Dabei beobachtete sie, wie Toto auf dem Affenbrotbaum bis zu einem großen Loch im Stamm kletterte.

Der Affe hielt seinen Kopf nahe an das Loch. Er sperrte sein Maul weit auf und brüllte dann sehr gekonnt.

»Eh-heh!«, bemerkte Twiga. »Das ist entweder eine sehr gute Nachahmung oder wirklich die Stimme eines Löwen.«

Das Gebrüll erschreckte die Fledermaus

Budi und ihre Familie, die den Tag in dem Baumloch verbrachten.

Toto dachte aber: »Budi scheint Angst zu haben und denkt, dass ich ein Löwe bin, denn wer könnte sonst in einem Löwenfell stecken?«

Natürlich fürchtete sich Budi. Sie erinnerte sich, dass sie dasselbe Gebrüll schon einmal gehört hatte, als sie noch klein war. Sie wusste auch noch, wie sich eine große Tatze in die Öffnung geschoben hatte. Der Löwe Simba musste nämlich alles genau untersuchen und hatte sich gewundert, warum diese geflügelten Tiere mit den Füßen nach oben und dem Kopf nach unten schliefen.

Daran dachten die Fledermäuse, als sie dieses Löwengebrüll hörten. In panischem Schrecken flogen die Fledermäuse eine nach der anderen aus dem Loch im Affenbrotbaum heraus. Ihre an die Dunkelheit gewöhnten Augen wurden vom Sonnenlicht geblendet. Es wurde ihnen nicht klar, dass es ein merkwürdiger Löwe war, der an seinem Schwanz am Ast eines Buyubaums schaukelte und dabei wie ein Affe lachte.

Toto war wieder entzückt. Er sagte sich:

»Ich bin jetzt wirklich ein anderer, ich bin groß und stark und jage Furcht ein.«

Twiga leckte sich die Lippen mit ihrer langen schwarzen Zunge und bemerkte: »Brüllen kann er gut! Er täuscht aber nur die Verblendeten, die ihre Augen schließen.«

Toto war mit seinem Ergebnis äußerst zufrieden und ließ sich durch den Schweiß, der an seinem Körper herablief, nicht stören, auch nicht von den närrischen Schaben, die an seiner Wirbelsäule auf- und abkletterten.

Dann verließ Toto den Baum, schlang seinen Schwanz noch fester um die abgetragenen Enden des Löwenfells und suchte Lwa-Iwa, die Schildkröte, auf. Diese zog den Kopf schnell unter ihre große Schale. Aus dieser günstigen Stellung beobachteten zwei helle Augen vorsichtig den Besucher und blinzelten plötzlich, als sie Affenpfoten unter dem hellen Fell erblickten. Toto bewegte sich lautlos wie ein Löwe auf der Jagd.

Die Schildkröte lächelte im Schutz ihres Panzers und beobachtete Totos fröhliches Gesicht, als er murmelte: »Ich habe selbst die schlaue Schildkröte erschreckt. Ich muss in dieser Löwenhaut wirklich ein Löwe sein.«

Wieder steckten die Giraffen ihre Köpfe zusammen und Twiga sagte: »Du kannst von der Weisheit der Schildkröte lernen, kleiner Neffe. Am besten schweigt man, wenn man Leute sieht, die sich selbst betrügen.«

Der ganze Urwald dröhnte von den lauten Trompetenstößen des Elefanten Nhembo, der auf seinem Weg große Äste von den Bäumen abbrach. Er litt unter der Hitze und war verdrießlich wegen eines schmerzenden Stoßzahns. Deshalb schlug er mit den großen Ohren und sein Schwanz peitschte ruhelos hin und her. Plötzlich hielt er an und zwinkerte mit seinen kleinen Augen. Sein Rüssel zuckte vor Erstaunen, denn auf dem Buyubaum vor ihm hockte ein schäbiger, zerzauster Löwe.

Nhembo, der Elefant, führte seinen Rüssel nahe an sein linkes Ohr und murmelte: »Das muss ich meiner Frau erzählen.«

Dann hielt er inne und wisperte: »Aber wenn ich sage, dass ich einen Löwen auf einem Baum gesehen habe, dann erinnert das an den rosa Elefanten. Den wollen die liederlichen Mitglieder meiner Sippe gesehen haben, nachdem sie viele Tage mit den haarlosen Geschöpfen gefeiert hatten.«

Vor Zorn errötete er unter seiner grauen Haut. Er ähnelte plötzlich dem wütenden Elefanten, an dem Johann den ganzen Tag geschnitzt hatte. Er nahm mit dem Rüssel Staub auf und trompetete seinen Zorn in den Dschungel. Man konnte ihn noch hinter dem trockenen Flussbett hören, wie er rief: »Du Affe mit deinem Spatzenverstand …«

Twiga flüsterte: »Das sind harte Worte, selbst für einen erfahrenen Elefanten.«

Nhembo fuhr laut fort: »… deine Fähigkeit, dich selbst zu betrügen, ist von der Art, wie man sie ungerechterweise dem Strauß zuschreibt.«

Absichtlich und sorgfältig nahm er wieder mit dem Rüssel Staub auf, und dann blies er die Staubwolke Toto ins Gesicht.

Toto fühlte sich in seiner Würde gekränkt. Denn viele hatten gehört und gesehen, was Nhembo getan hatte – wie er Totos Affenklugheit lächerlich gemacht hatte.

Auf einem Ast ihm gegenüber saßen der Papagei Suku und Mizi, der Regenvogel. Sie lachten, bis ihnen die Tränen über die Schnäbel liefen.

Als die Schatten länger wurden, meinte

die Giraffe sanft: »Toto, erinnerst du dich nicht an das entsetzliche Ende der Ziege, die ein Löwe werden wollte?«

Der kleine Affe nickte, aber er machte sich keine Sorgen. »Das kann man nicht vergleichen: Ich trage doch ein Löwenfell!«

Twiga seufzte. »Ein von Läusen zerfressenes Löwenfell, das du dir lose über den Rücken hängst, macht dich doch nicht zu einem Löwen! Merkst du denn nicht, wie der Dschungel über dich lacht?«

»Du irrst dich, Langhals, mit Sicherheit macht ein neues Fell einen auch zu einem neuen Geschöpf!«

Die Giraffe meinte geduldig: »Du kannst dir die Haut von einem Flusspferd überwerfen, aber innerlich bleibst du doch ein Affe. Du könntest dich mit den Straußenfedern schmücken und wirst deshalb doch kein Vogel. Du magst in eine Schlangenhaut kriechen und zischen, aber du wirst immer ein Affe bleiben.«

Twiga wollte von gefleckten, gestreiften und gesprenkelten Fellen sprechen, aber ihre Gedanken und Worte wurden durch das Kichern des kleinen Affen unterbrochen:

»Hast du denn nicht gesehen, wie die Hyäne weglief, Twiga? Sie dachte, ich wäre ein Löwe, das Fell hat sie getäuscht …«

Die Giraffe stampfte mit den Vorderfüßen und schlug ärgerlich mit dem Schwanz. »Eine neue Haut verändert dich nicht. Du musst ganz neu sein – auch innen –, wenn du ein neues Geschöpf sein willst.«

Aber so ist es nun einmal mit der Klugheit der Affen: Toto dachte bereits daran, wie er die Löwenhaut ändern könnte, damit sie besser saß.

Die Zeit des Sonnenuntergangs und die erste Stunde nach Tagesanbruch verbrachte er damit, das gelbe Fell sorgfältig auf seine Maße zurechtzubasteln. Dabei murmelte er immer wieder: »Die Ziege hat es nicht richtig angefangen, sie hat es nicht gründlich genug gemacht.« Einige Stellen rieb er mit Kokosnussöl ein, um sie geschmeidiger zu machen. Dann befestigte er das Fell mit langen, scharfen Dornen.

Toto drehte sich hin und her, bis das Fell bequem saß, und dachte: ›Da es nun so gut sitzt, wird jeder einsehen, dass ich jetzt ein Löwe bin.‹

Befriedigt ging er unter dem Buyubaum auf und ab und stieß gefährliche Knurrlaute aus.

Der Papagei Suku schlug Alarm. Mit löwengleicher Gelassenheit blickte Toto in die Richtung, in die Sukus Schnabel wies. Doch im nächsten Augenblick erlebte der Dschungel ein ungewöhnliches Schauspiel: Ein seltsam aussehender Löwe kletterte mit affenartiger Geschwindigkeit auf einen Baum, nur wenige Zentimeter hinter sich die gefährlichen Klauen des Leoparden Chewi.

»Wer würde erwarten«, meinte Twiga später zu Raff, »dass ein Leopard Affenweisheit versteht?«

Daudi warf frische Zweige auf das Feuer. Draußen im Urwald riefen die Nachtvögel. Dann sagte Daudi: »Ihr habt von der falschen Klugheit der Ziege und des Affen gehört. Das ist eine doppelte Mahnung für euch. Prägt euch das gut ein!«

Er stand auf. »Es ist ein ganz vergeblicher Versuch, zu denken, man sei ein neues Geschöpf, nur weil man eine neue Haut trägt. Die Haut mag einen wohlklingenden Namen haben, sie mag ›Ehrbarkeit‹ oder ›die Zehn Gebote‹ oder sonst wie heißen. Die Haut mag gut sein, aber sie verändert den nicht, der sie trägt.«

Johann nickte. »Es gibt da keine andere Möglichkeit«, sagte er. »Ein mühsam geflicktes Leben gefällt Gott nicht. Die Bibel sagt: ›Wenn jemand in Christus ist, dann ist er ein neues Geschöpf. Dann ist alles neu geworden.‹«

Johann wusste: Das war nicht leicht zu verstehen. Darum fügte er hinzu: »Der Herr Jesus will nicht, dass wir uns eine neue Haut umlegen. Damit täuschen wir uns und andere. Er selbst lässt sich nicht täuschen. Er will, dass wir zu ihm kommen, wie wir sind. Und dann nimmt er uns in seine Hand. Schaut!« Johann hielt den Elefanten, an dem er gestern noch geschnitzt hatte, hoch. »Schaut, ich habe aus einem toten Stück Holz einen schönen, aber toten Elefanten gemacht. Ich kann mich anstrengen, wie ich will: Lebendig wird der nie. Aber wenn jemand zu Jesus geht und einfach sagt: ›Da bin ich. Ich schaffe es nicht, so zu sein, wie ich sein soll. Bitte, mach aus mir einen neuen Menschen!‹ Ja, der wird staunen. Der Herr Jesus wird das tun. Das ist von Anfang an sein Plan gewesen.«

Nyani und die Eier

Daudi kam in der Abenddämmerung vom Krankenhaus herüber. Johann, der am Lagerfeuer saß, rief ihn und fragte: »O großer Medikamentenmischer, sag mir, wie kann ein gutes Ei schlecht werden?«

»Ja«, meinte Daudi, »das ist ganz einfach. Lass es liegen und es wird von selbst schlecht.«

Ein Kichern lief um das Feuer. Dann fing Johann wieder an: »Wie kann ein schlechtes Ei gut werden?«

Ein allgemeines Gelächter antwortete ihm. »Das ist unmöglich«, sagte einer.

Johann verlagerte sein Gewicht auf sein gelähmtes Bein. »Bei Eiern geschieht das nicht, aber bei Menschen schon! Alle sind schlecht, denn Gottes Buch sagt: ›Keiner ist gerecht, nicht einer.‹ Aber ein schlechtes Leben kann durch Gottes Macht zu einem guten werden. Setzt euch hin und hört euch die Geschichte von Nyani und den Eiern an.«

Zwei junge Äffchen, Pupu und Oho, krochen vom Buyubaum herunter und gingen spazieren. Vor ihnen stolzierte die Krähe. Pupu brachte seine Lippen an das Ohr seiner kleinen Schwester und flüsterte ihr das Affensprichwort zu: »Wo sich einer kratzt, da sind auch Läuse.«

Sie nickte. Das war eine allgemeine Erfahrung und eine wohlbekannte Redensart.

Pupu fuhr fort: »Genauso gilt, Oho: Wenn man Vögel sieht, da finden sich auch Eier.«

Er blickte sich aufmerksam um. Plötzlich fingen seine Augen an zu leuchten. Er hatte etwas entdeckt, und schon wies er mit dem Kinn in die Richtung: »Da drüben, siehst du es? Ein Nest!«

Pupu schwang sich durch die Zweige, sah in das Nest und kam grinsend zurück. In seiner Pfote hatte er ein allerdings recht schmutziges Ei.

Er warf es Oho zu. Aber sie fing es ziemlich ungeschickt auf und warf es so schlecht zurück, dass Pupu es nicht fangen konnte, obwohl er mit Pfoten und Schwanz danach angelte.

Das Ei fiel mit einem Plumps auf einen unteren Ast und zerbrach.

Aus den zerbrochenen Schalen strömte ein unangenehmer Geruch hervor. Die kleinen Affen hielten sich die Nase zu und verschwanden. Ihr Gewissen meldete sich, als sie Onkel Nyani auf seinem Lieblingsast sitzen sahen. Es war ein besonders dicker Ast ihres Familienbaumes.

In seiner Linken hielt Nyani ein Ei, das noch nestwarm war. Seine Lippen spitzten sich in Vorfreude. Mit äußerster Sorgfalt machte er ein kleines Loch in das runde Ende des Eies und hielt es behutsam an seinen Mund. Mit Hochgenuss trank er das Ei aus. Dabei wurden seine Wangen hohl und seine Augen traten aus ihren Höhlen.

Pupu und Oho saßen bei den anderen Affenjungen, die Nyani ehrfürchtig beobachteten.

Geschickt sog Nyani auch noch das letzte Vitamin aus dem Ei, dann rollte er seinen Schwanz bequem auf und strich sich über den Magen.

»Eier«, begann er mit einer Stimme, als spräche er zu einem großen Publikum, »Eier, hongo! Sie sind eine wahre Wohltat für den Magen!«

In Erinnerung daran leckte er sich die Lippen.

»Aber manche Eier ...« Nyani schlang seinen Schwanz fest um den Ast und drohte den jungen Äffchen, deren Augen sich angstvoll weiteten, mit dem Finger.

»Manche Eier beleidigen die Nase, schmecken entsetzlich und sind eine Zumutung für jeden richtigen Affen.«

Die Jungen nickten zustimmend.

»Aber wie kann man wissen, welche Eier gut sind, du Affe der großen Erfahrung?«, fragte die kleine Oho.

Nyani kratzte sich nachdenklich und wählte seine Worte mit Bedacht. Er tat, als hielte er ein Ei zwischen Daumen und Zeigefinger.

»Manche halten das Ei gegen die Sonne und sehen hindurch. Aber sogar das schärfste Auge des klügsten Affen kann sich täuschen. Andere wiederum halten das Ei an das Ohr und schütteln es.« Nyani machte es vor. »Doch kann man sich auch da täuschen, selbst wenn man das schärfste Ohr hat.«

Er lehnte sich vor und sprach vertraulich: »Manche brechen auch die Schale auf, um den Inhalt zu untersuchen.«

»Ooooh!« Die kleinen Affen rümpften die Nase. Pupus Ohren wurden rot.

Nyani fuhr ungestört fort: »Der erfahrene Affe jedoch nimmt einen großen Kürbis, füllt ihn mit Wasser und legt das Ei hinein. Die Eier, die auf den Grund sinken, sind wertvoll. Sie sind ein Genuss und geben den Augen Licht, dem Magen Freude und dem Schwanz Behändigkeit.« Nun wechselte Nyani seine Stellung auf dem Ast durch eine Bewegung des linken Fußes. Seine Stimme wurde hart: »Eier, die weder an die Oberfläche schwimmen noch auf den Grund sinken, sind gut als Geschenk für Leute, die man nicht besonders mag.«

Ein kleiner Affe nickte verständnisvoll. Er hatte einmal eine solche Gabe überbracht.

Jetzt wurde Nyanis Stimme schrill: »Aber Eier, die oben schwimmen – ich wiederhole: Die oben schwimmen – soll man so weit wie möglich in dieselbe Richtung werfen, in die der Wind bläst.«

Die volle Bedeutung dieser Worte senkte sich langsam in die kleinen Affengehirne.

Daudi hatte still zugehört. Jetzt wandte er sich an seine Zuhörer: »Weil wir nicht durch die Schale sehen können, müssen wir das Ei im Wasser prüfen. Gott jedoch kann durch uns hindurchsehen. Er braucht keinen Kürbis voll Wasser, um unser Herz zu sehen. Erinnert euch daran und denkt darüber nach, wenn ihr euch schlafen legt. Gott sieht in euer Innerstes. Was sieht er? Wie sieht es in euren Herzen aus?«

Gut getarnt und doch gefangen!

M'gogos kleiner Hund kroch unter Daudis Hocker und kauerte sich dort zusammen.

Johann lachte: »Ha, er denkt, er kann sich so vor dir verstecken.«

Er legte das Stück Holz hin, aus dem er einen Leoparden schnitzte, und spähte unter den Hocker: »Heh, du versteckst dich wirklich sehr ungeschickt.«

Daudi stand auf und schürte das Feuer. Seine Stimme war ernst, als er sagte: »Hört alle zu! Auch der Geschickteste kann sich nicht vor Gott verstecken. Hört die Geschichte von dem Chamäleon, der eigensinnigen Giraffe und dem Leoparden.«

Lwivi, das Chamäleon, saß auf einem dünnen Baumzweig und übte sich im Wechseln seiner Farbe, indem es sich von einem Ort zum anderen bewegte.

Twigas Neffe beobachtete, wie es erst braun, dann grün und schließlich gelb wurde.

Das Chamäleon wölbte seine Brust vor

und sagte mit quiekender Stimme: »Dreh deinen Kopf weg, kleine Giraffe, und zähl bis hundert. Wetten, dass ich mich selbst vor deinen scharfen Augen verstecken kann?«

Das Chamäleon kletterte auf einen Zweig, wo sich braune Rinde neben grünen Blättern und gelben Blüten befand. Im nächsten Augenblick war es braun, grün und gelb.

Twigas Neffe zählte: »97 … 98 … 99 … 100 … Ich komme!«

Er spitzte die Ohren, hob die Nase und sperrte die Augen weit auf, sah hierhin und dahin, konnte aber zunächst kein Lwivi entdecken.

Wieder blickte er sehr scharf hin, und da, keinen Meter entfernt, saß das Chamäleon, sorgfältig getarnt und fast unsichtbar.

Das Giraffenjunge war eingeschnappt, weil das kleine Geschöpf ihn so getäuscht hatte. Mit einem Nasenstüber schüttelte er den Zweig und das Chamäleon landete höchst unsanft auf dem Boden.

Mit hässlichem Lachen und unnötig lauter Stimme sagte Twigas Neffe: »Chamäleons können sich nicht vor mir verbergen. Ich kann das viel besser! Mit meiner gelben Haut und den braunen Flecken bin ich unter den Bäumen unsichtbar. Wo sich Sonnenschein und Schatten mischen, ist ein wundervolles Versteck. Meine dunklen Flecken sind Schatten und meine Haut gleicht dem Sonnenlicht. Selbst Chewi würde mich nicht bemerken. Ich kann mich sogar vor den scharfen Augen des Leoparden verbergen.«

Diese Worte hörte der Löwe Simba, der ungesehen keine zwanzig Meter entfernt im hohen Gras lag.

Auch die Krähe nahm diese Prahlerei wahr und flog fort, um Chewi davon zu berichten.

Die kleine Giraffe ging zu einem Baum, der die richtige Größe hatte, steckte ihren Kopf in die Baumkrone und fing an, die saftigen Triebe zu naschen. Sie fühlte sich sicher und um noch sicherer zu sein, redete sie sich gut zu: »Ich bin selbst für die Augen des Leoparden unsichtbar.« So bemerkte sie das gelbbraune Etwas nicht, das sich über den dunkelbraunen Boden heranschlich.

Simba sah die geschmeidige Bewegung des Leoparden, der schnell und lautlos näher kam und dessen Augen auf einen Kopf gerichtet waren, der einen Meter aus der Baumkrone herausragte.

Chewi, der Leopard, kroch näher, und stellte sich vor, wie Giraffenfleisch schmeckte.

Twigas Neffe fraß ruhig weiter. Er sah und hörte nichts, weil er sich sicher glaubte.

Plötzlich sprang Chewi. Es gab ein Krachen in der Baumkrone, und dann folgte ein langes, unbehagliches Schweigen.

Später nahm Chewi auf einem Felsen ein Sonnenbad. Sein Bauch war angenehm voll – Chewi fühlte sich rundum wohl. Die Krähe – Krähen sind ja sehr geschwätzig! – hatte ihm auch von der Niederlage des Chamäleons Lwivi erzählt. Chewi dachte jetzt darüber nach. »Es war nicht sehr klug von Lwivi, zu sagen: ›Ich kann mich vor den Augen einer Giraffe verbergen.‹ Lwivi war fast genauso dumm wie diese Giraffe, die damit angab, sie könne sich vor mir verbergen«, dachte Chewi, der Leopard.

Ein glucksender Ton des Wohlgefühls kam aus dem Innern seines Bauches. Als er dann seine Vorderpfote leckte, blickte er mit Zufriedenheit auf seine eigenen Flecken, die sich auf seinem Fell über dem Spiel der

Muskeln abzeichneten. Er bemerkte, wie genau seine Flecken der Musterung des Felsens entsprachen.

Chewi ließ ein tiefes, kehliges Knurren hören, als er an die Behausungen der Menschen dachte und an die, welche im Dschungel mit Speer und Bogen jagten. Dann entspannte er sich und dachte: »Ich bin sicher. Meine Nase ist die feinste im ganzen Dschungel und meine Ohren sind schärfer als bei jedem anderen Tier. Durch mein gemustertes Fell bin ich besser getarnt als alle anderen Geschöpfe.«

Er schnurrte zufrieden und dachte: »Ich bin eher eine Gefahr für die Zweibeiner als sie für mich.«

Er rollte sich auf die rechte Seite, und der Jäger M'schale, der sich seit einer Stunde in den großen Wurzeln eines Buyubaumes versteckt hielt, ergriff die Gelegenheit und schoss dem Leoparden einen Pfeil mitten ins Herz.

Nyani beobachtete, wie der Jäger seiner Beute das Fell abzog, und fragte sich, was für ein Sinn wohl hinter den Ereignissen des heutigen Tages steckte. Er dachte an das Chamäleon, das sich nicht vor der Giraffe verbergen konnte, an die Giraffe, die sich nicht vor dem Leoparden verbergen konnte, und an den Leoparden, der sich nicht vor dem Jäger verbergen konnte. »Wirklich, immer werden die entdeckt, die sich sicher versteckt glauben«, murmelte der Affe Nyani verwirrt und kratzte sich. Er beobachtete, wie M'schale mit dem Leopardenfell über der Schulter in sein Dorf ging.

Auch M'schale hatte sich unter den Zuhörern befunden. Als er jetzt, da die Geschichte zu Ende war, aufstand, um nach Hause zu gehen, hörte er Daudi sagen: »Jesus selbst sagt: ›Es ist nichts verborgen, was nicht aufgedeckt, und nichts geheim, was nicht bekannt würde.‹«

»Heh«, meinte M'schale, »wie sollte Gott das können? Wenn ich will, kann ich meine Gedanken verbergen, denn mein Gesicht ist glatt und drückt weder Zorn noch Furcht aus. Sicher kann ich Gott meine Gedanken verheimlichen.«

Johann hob nur fragend die Augenbrauen.

Die anderen Zuhörer sagten kein Wort. Das war auch nicht nötig.

Nyani überquert den Äquator

M'gogo war traurig. Er kam zu Daudi, der gerade Hustenmedizin zubereitete.

»Großer, eine Stimme in mir sagt, dass ich nicht gerettet bin. Ich weiß es einfach nicht. Ich fühle mich überhaupt nicht anders! Ich fühle mich genauso wie vorher, bevor ich Jesus um Vergebung meiner Sünden gebeten habe.«

»Du fühlst dich nicht anders?«, lächelte Daudi. »Dann hast du die Geschichte von Nyanis Reise zum Äquator noch nicht gehört?«

»Nein, die kenne ich nicht«, erwiderte M'gogo und setzte sich, um zuzuhören.

Nyani ging weg, um seine Verwandten im tiefen Dschungel zu besuchen. Dort werden die Bäume sehr hoch, die Blätter sind richtig grün und große Schmetterlinge flattern über den Sümpfen und den Wasserlilien. Hier liegt auch der Moskito Mbu mit seinen Artgenossen auf der Lauer.

Nyani begab sich mitten in einer Schar gastfreundlicher Affen zu einem großen Buyubaum. Viele Pfoten wiesen auf ein großes Schild neben der Straße, auf dem das Wort »Äquator« stand.

»Wenn du hier auf den Ästen des Buyubaums sitzt«, erklärte Nyanis Vetter zweiten Grades, »wirst du als gebildeter Affe wissen, dass du dich auf der südlichen Halbkugel der Erde befindest. Aber wenn du diesen Ast entlanggehst und auf den großen Kuyubaum springst, hast du den Äquator überquert und befindest dich auf der nördlichen Halbkugel.«

Nyani begriff das nur zum Teil. Er kratzte sich nachdenklich, blickte weise drein und versuchte, das Wort auf dem Schild rückwärts zu lesen. Dann lief er den Ast entlang und sprang vom Buyubaum. Er fühlte gar nichts, als er den Äquator überquerte, und wartete aufgeregt im Kuyubaum, ob er dort irgendetwas merken würde.

»Joh«, meinte er endlich, als die Sonne schon ein ganzes Stück zurückgelegt hatte und die Schatten länger wurden, »eure Worte mögen wahr sein, Verwandte! Aber ich fühle mich gar nicht anders jetzt, seit ich auf der nördlichen Halbkugel bin.«

»Du magst dich nicht anders fühlen, es ist

aber eine Tatsache und allen Affen klar: Du sitzt jetzt auf dem Kuyubaum und dieser Baum steht auf der nördlichen Halbkugel. Wie du dich fühlst, ist ganz egal! Geografie bleibt nun einmal Geografie.«

Nyani nickte. Aber es war ihm unbehaglich. Sicherlich müsste man sich auf der nördlichen Halbkugel doch anders fühlen, überlegte er.

Dann las er immer wieder die Inschrift auf dem Schild, rückwärts und vorwärts. Er spürte den Ast des Kuyubaums unter sich und sagte: »Sicher ist es so. Ich bin zwar auf der nördlichen Halbkugel, und doch merke ich keinen Unterschied.«

»Hongo«, meinte Daudi, »wenn du die Linie zwischen Tod und ewigem Leben überschreitest, fühlst du dich am Anfang vielleicht nicht anders. Aber geh nur weiter auf der Straße, die zum Leben führt. Überschreite die Grenzlinie nicht, um dann bloß dazusitzen und zurückzublicken.«

Er verstummte, und da M'gogo nickte, fügte er noch hinzu: »Geh mit beiden Füßen im Vertrauen weiter! Der eine Fuß ist die Bibel, der andere das Gebet. Da gibt es kein ›vielleicht‹ oder

›könnte sein‹. Wenn die Bibel sagt: ›Wer den Sohn hat, hat das Leben‹, dann wird der, der zu Jesus gekommen ist, eines Tages das neue Leben auch spüren. Doch die anderen Menschen um ihn herum werden es vielleicht noch vor ihm spüren.«

Festen Boden unter die Füße bekommen!

M'gogos Hündchen ist krank gewesen. Über der Schulter trug der Afrikanerjunge eine alte Decke, in der das Tier eingekuschelt mit wedelndem Schwanz saß.

Zögernd begann M'gogo: »Ich habe keine Zweifel mehr, nachdem ich die Geschichte von Nyani und dem Äquator kenne, aber ich würde gern mehr darüber erfahren.«

Johann nickte. Er unterbrach seine Schnitzarbeit an einer Giraffe mit lang gestrecktem Hals und fing an zu erzählen.

Die Äste des Kuyubaums breiteten sich weit über das trügerische Moor, das Matope heißt. Von seinen Ästen hingen lange, dicke Lianen wie Stricke herab.

Wieder und wieder hatte Nyani seine Familie davor gewarnt, in die Nähe des Sumpfes zu gehen oder an den Lianen zu schaukeln, die so einladend über dem dicht bewachsenen Moor hingen. Seine Worte hatten jedoch keinen Eindruck auf die Zwillinge Tali und Kali gemacht.

Fröhlich plappernd und behände kletterten sie auf den Kuyubaum. Sie rutschten einen Ast entlang und hätten beinahe das Chamäleon Lwivi abgeworfen. Sie hingen sich an das Ende einer langen Liane und schwangen weit hinaus über das Moor und wieder zurück bis fast an das Ufer.

Lwivi lief eilig den Ast entlang, bis zu jener Stelle, wo sich die Liane um den Zweig wand. Mit seinen scharfen Augen erkannte das Chamäleon, dass bei jedem Schwung einige Fasern der Liane rissen, denn Irgwingwili, der Tausendfüßer, hatte seine Zähne gerade an dieser Stelle gewetzt.

Boohoo, das Flusspferd, ging langsam am Rand des Moors entlang. Der Bulle badete nicht im Sumpf von Matope, denn er wusste, dass der in die Tiefe ziehende Schlamm stärker war als selbst er, der große, schwere Boohoo. So setzte er sich nur für eine Weile in den Schatten, denn die Haut eines Flusspferdes ist empfindlich gegen Sonnenbrand.

Die kleinen Affen lachten und schrien vor

Vergnügen, und während sie Boohoo mit übermütigen Worten begrüßten, schaukelten sie immer weiter, immer höher hinauf. Und Lwivi beobachtete, wie die Fasern der Liane nacheinander rissen, eine nach der anderen, je höher die beiden schaukelten.

Nhembo, der Elefant, kam auch dazu. Er trottete schwerfällig zu einer Stelle, wo klares Wasser unter einem Felsen hervorsprudelte. Er trank bedächtig und so laut, dass die Zwillinge das Reißen der Liane nicht hörten.

Als Twiga den Hügel herunterkam, begrüßten die Zwillinge die Giraffe, und vor Freude schaukelten sie noch heftiger.

Weit flogen sie über das Moor hinaus.

Das Chamäleon fuhr zurück, als es sah, wie sich die letzte Faser der Liane gefährlich dehnte. Die beiden kleinen Affen schwangen gerade auf das Ufer zu, als sie einen scharfen Laut über sich hörten.

Die Liane war gerissen.

Mit einem Plumps fielen sie in den Sumpf und saßen auch sofort fest. Ihre Gesichter drückten Angst und Entsetzen aus.

»Boohoo!«, schrien sie. »Hilf uns!«

»Wie könnte ich das«, erwiderte das große Tier. »Wenn ich in den Sumpf gerate, komme ich nie wieder heraus.«

Sie riefen Nhembo: »Großer, hilf uns mit deinem langen Rüssel, das Moor zieht uns hinunter!«

Nhembo kniete sich am Ufer hin und streckte seinen Rüssel so weit wie möglich vor, aber die Äffchen konnten ihn mit ihren Armen nicht packen, so sehr sie sich auch anstrengten.

Tali und Kali wimmerten vor Angst.

Dann kam die Giraffe Twiga. Die kleinen Affen sanken, je mehr sie sich frei zu strampeln versuchten, desto tiefer. Dabei umklammerten sie noch immer die Liane, die mit ihnen langsam tiefer sank.

»Wir können nicht heraus!«, schrien sie. »Was sollen wir tun? Twiga, hilf uns!«

Die Giraffe spreizte die Vorderbeine weit auseinander und beugte sich hinunter. »Nhembo«, sagte sie, »stell dich hinter mich und halte meinen Schwanz mit dem Rüssel fest, falls ich auch hineinfalle.«

Der Elefant ergriff den Schwanz der Giraffe, und das langhalsige Tier beugte sich weit über das Moor. Mit seinem Kopf kam es gerade in Reichweite der Affenzwillinge.

Sofort schlangen sich vier Affenarme um Twigas Hals. Unterstützt von den anfeuernden Zurufen des Elefanten und guten Ratschlägen des Papageis Suku, wurden die Äffchen aus dem Sumpf gezogen. Sie waren über und über mit dickem, übel riechendem Schlamm bedeckt, saßen am Ufer und zitterten wegen des ausgestandenen Schreckens.

Twiga bewegte ihren langen Hals langsam auf und ab. »Joh«, meinte sie, »mein Hals fühlt sich nicht gut an, gleich zwei Affen – das war aber schwer! Und mein Schwanz tut weh, weil der Elefant daran gezogen hat. Sicher habe ich einen Schaden an der Wirbelsäule abbekommen.«

Nhembo strich liebevoll mit seinem Rüssel über den langen Hals seiner Freundin und rieb ihn feucht ein. Dabei schaute Twiga auf die Affenzwillinge. Sie saßen noch immer am Ufer, umklammerten einander, und der Schrecken stand noch immer in ihren Augen. Jetzt waren auch Mizi, der Regenvogel, und Waa, der Sternvogel, gekommen. Lwa-Iwa, die Schildkröte, war aus dem Schatten eines Felsens hervorgekrochen.

Während Twiga ihren Hals immer noch auf und ab bewegte, fragte sie: »Seid ihr jetzt in Sicherheit, Äffchen?«

Sie zitterten und schüttelten den Kopf: »Das wissen wir nicht.«

»Kommt hier herüber in die Sonne«, sagte Twiga, »auf diesen großen, warmen Felsen.«

Sie taten es. Nun saßen sie da und klammerten sich immer noch aneinander.

Twigas Stimme war sanft: »Jetzt setzt alle vier Füße auf den Boden. Sinken sie ein?«

Die kleinen Affen schüttelten den Kopf.

Die Giraffe fragte weiter:

»Nun, Tali und Kali, da eure Füße fest auf dem Felsen stehen, seid ihr jetzt in Sicherheit?«

»Ich hoffe es«, antwortete Kali.

Twiga machte wieder Übungen mit ihrem Hals, die ihren Muskeln wohltaten, dann fuhr sie fort: »Setzt eure Füße und euren Schwanz fest auf den Grund. Seht nach, worauf sie stehen. Ist das Schlamm? Versucht jetzt, einzusinken! Versucht es mit aller Kraft.«

Die kleinen Affen stießen und stemmten sich gegen den Boden, und dann erschien ein leises Lächeln zuerst auf Kalis und dann auf Talis Gesicht.

»Kumbe, der Grund ist fest, wir sind in Sicherheit.«

»Ganz sicher«, meinte Twiga, »ihr seid in Sicherheit. Der Felsen lässt nicht zu, dass ihr einsinkt.«

Johann blickte von seiner Schnitzarbeit auf und fragte: »War Twiga sicher, als sie mit ihren Füßen auf dem Felsen stand?«

M'gogo nickte.

»War Nhembo sicher, als er mit seinen Füßen auf dem Felsen stand?«

Wieder zustimmendes Nicken.

»Und was war mit den kleinen Affen?«

»Auch sie waren in Sicherheit, Großer.«

»Ja«, sagte Johann, »auch Daudi und ich wissen, dass unsere Füße sicher auf dem Felsen stehen. Jesus sagt, er sei der Fels. Wenn eure Füße auf diesem Felsen stehen, seid ihr in Sicherheit. Die Bibel sagt: ›Du bist mein Fels und meine Stärke, du bist meine Hoffnung, o Herr, und meine Zuflucht.‹« M'gogo stand auf und meinte: »Joh, ich bin froh, dass ich das jetzt weiß! Natürlich ist man in Sicherheit, wenn man auf einem Felsen steht.«

Die weisen Worte eines berühmten Affen

Daudi legte seine Hand auf M'gogos Schulter.

»Wenn du wirklich Freude an deinem Hund haben willst, dann musst du ihm Gehorsam beibringen. Er selbst wird dadurch auch viel mehr Spaß haben. Sogar Nyani wusste das. Hör einmal zu!«

Nyani rief alle Jungen zusammen, die auf dem Baum seiner Familie lebten. Er hob seinen Zeigefinger, und in seinen Augen war ein Blick, der selbst die wenigen artigen Äffchen erschauern ließ. Dann sprach Nyani mit lauter Stimme: »Ein weiser Elefant sagte einmal: ›Ungehorsam lohnt sich nicht!‹ – Das trifft besonders auf kleine Affen zu. Ich habe nun drei Regeln aufgestellt. Wenn ihr sie befolgt, werdet ihr sicher leben, sonst aber …«

Er rollte mit den Augen und hob den Zeigefinger. »Erste Regel: In der Nähe der Hinterbeine eines Zebras habt ihr nichts zu suchen!«

Der zweite Finger ging hoch.

»Zweite Regel: Wenn eure Nase euch den Geruch des Leoparden meldet, dann klettert schnell auf den dünnsten Zweig, der euch noch trägt. Denkt daran: Im Bauch des Leoparden wird euch das Lachen vergehen.«

Nyani hängte sich an seinen Schwanz, sodass er den letzten Punkt mit allen vier Pfoten betonen konnte.

»Und die dritte Regel: Blickt einer Schlange niemals in die Augen! Wenn ihr an diese Worte denkt, so wird euer Fell gerettet sein.«

Die kleinen Affen bedankten sich gebührend und turnten davon.

»Hongo«, grüßte Twiga, die im selben Augenblick, als sich Suku auf einem geeigneten Zweig niederließ, zum Buyubaum hinüberschlenderte. »Wenn ich mich recht erinnere, wart ihr sieben Kinder in deiner Familie, Nyani?«

Der alte Affe nickte. »Es ist eine traurige Geschichte, Twiga. Einer stand hinter einem Zebra, drei waren unvorsichtig, als sich ein Leopard anschlich, und zwei blickten in die Augen einer Schlange. Ich allein bin von meinen Geschwistern übrig geblieben.«

In seiner Stimme lag Kummer und Twiga murmelte: »Du triumphierst mit deinen Erfahrungen über die Affenweisheit.«

»Wie bitte?«, fragte Nyani, kam näher und legte die Hand an sein Ohr.

»Ich habe nur laut gedacht«, beeilte sich Twiga zu sagen. Dann saßen sie ruhig da und beobachteten die Affenjungen.

Zwei Äffchen liefen schnell in die Richtung, in der Zebras weideten. Twiga rollte die Augen, Suku hackte vor Angst auf seine Klauen und Nyani stöhnte. Dann sahen sie alle zum Himmel auf, wo ein Geier seine Kreise zog.

Nyani seufzte wieder. »Wie gut der Geier immer weiß, was geschieht!«

Die beiden Affenjungen unterhielten sich: »Warum sollen wir nicht in die Nähe der Hinterbeine eines Zebras gehen?«, fragte der eine.

»Heh«, sagte der andere, »mir ist egal, was er sagt. Er denkt immer, er weiß alles. Komm, wir wollen selbst herausfinden, was es mit den Hinterbeinen auf sich hat.«

Sie gingen nahe an ein Zebra heran und kicherten. Sie machten ziemlich freche Bemerkungen über die schwarzen und weißen Streifen des Zebras. Das Zebra tat nichts, nur verringerte es unauffällig den Abstand zu den kichernden Affen.

Ein Affenjunge hob einen Dornzweig auf, sprang seitlich dazu und stach einen Dorn in den Fuß des Zebras, gerade oberhalb des Hufs.

Twiga, Nyani und Suku sahen, wie plötzlich eine feine Staubwolke aufwirbelte, wie ein kleiner Affe hoch in die Luft flog und mit einem Plumps auf dem Boden landete. Nyani legte die Pfoten über die Ohren und schrie nach Pilli, der etwas von Medizin verstand. Dann beobachteten sie, wie der Geier vom Himmel herabstieß.

Der andere kleine Affe lief um sein Leben, kletterte erschrocken auf den Familienbaum und kauerte sich zitternd neben seinen Onkel.

Nyani sagte nur: »Du hast es gesehen. Vergiss nicht: ›Ungehorsam lohnt sich nicht.‹«

Die Wahrheit dieses Wortes sollte sich bis Sonnenuntergang ein zweites Mal beweisen.

Als Twiga schnuppernd die Luft einzog, witterte sie den starken Geruch des Leoparden. Die kleinen Affen bemerkten ihn auch. Sie rasten auf die dünnsten und höchsten Äste hinauf und klammerten sich mit Schwänzen und Pfoten fest.

Der Leopard sprang behände auf den Baum und kletterte höher und höher. Er bleckte gierig die Zähne und der Speichel floss ihm aus dem Maul, in der Vorfreude auf eine Mahlzeit mit Affenfleisch.

»Haltet euch fest«, schrie Nyani von einem sicheren Ast aus, »ihr habt es richtig gemacht, kein Leopard kann auf die dünnen Äste klettern.«

Der Leopard ließ ein schreckliches Knurren hören, um den kleinen Affen Angst und Schrecken einzujagen, aber Nyanis Stimme tröstete sie: »Bleibt, wo ihr seid, und alles ist gut. Die Worte eines Leoparden haben keine Klauen und Zähne.«

Nyani rutschte etwas weiter den Ast entlang, machte wilde Bewegungen und bewarf den wütenden Leoparden geschickt mit Affenbroten.

»Gehorsam lohnt sich immer«, bellte er, als Chewi endlich mit bösem Knurren im Dschungel verschwand.

Nachdem sich alle gegenseitig zu ihrer Rettung gratuliert hatten, lenkte Suku Twigas Aufmerksamkeit auf etwas, das sich in der Nähe der großen Felsblöcke zutrug.

»Nyani«, rief sie, »du musst schnell handeln, sonst wird dein Stamm wieder jemanden verlieren. Ich sehe ein Affenjunges, das in die Augen einer Pythonschlange guckt.«

Mit einem Brüllton, der an Simbas Löwenstimme erinnerte, schwang sich Nyani vom Familienbaum herunter und raste zu der Gefahrenzone. Er sprang auf den höchsten Felsen und sah hinunter.

Unten kauerte ein kleiner Affe. Die Schlange glitt langsam auf ihr hypnotisiertes Opfer zu.

Nyani zerrte mit aller Kraft an einem großen Stein; der gab nach, kippte über die Felskante und sauste dicht neben der großen Schlange hinunter – ja, im Fallen streifte er sie sogar.

In genau diesem Augenblick sprang Nyani hinunter, packte den kleinen Affen am Schwanz und kletterte schnell auf den höchsten Ast des nächsten Baumes. Dabei pfiff er triumphierend durch die Zähne.

Nachdem sich die Nerven des Äffchens beruhigt hatten – Nyani hatte mit einer gehörigen Dosis grüner Raupen nachgeholfen –, meinte Nyani freundlich: »Ihr seht nun, kleine Mitglieder meines Stammes: Gehorsam lohnt sich – Ungehorsam lohnt sich nicht.«

Die Äffchen nickten und blickten wie auf Verabredung alle zu dem leeren Platz, wo gestern noch ihr kleiner Bruder gesessen hatte, der unter die Zebrahufe geraten war. Sie dachten nach und nickten wieder.

Doch Nyani wusste leider, dass das Affengedächtnis ebenso kurz ist wie die Laune der Leoparden.

»Selbst für Affen lohnt sich also Gehorsam«, meinte Daudi abschließend. »Und diejenigen, die in das Himmelreich kommen wollen, müssen daran denken, dass Gehorsam das Erste ist, das Gott erwartet. In der Bibel steht: ›Wer sagt, er liebe Gott, befolgt aber Gottes Gebote nicht, der ist ein Lügner und betrügt sich selbst!‹ Wer Gottes Gebote befolgt, der zeigt, dass er Gott liebt. Gehorsam ist der Prüfstein.«

M'gogo pfiff nach seinem kleinen Hund.

Der stoppte, drehte sich um, wedelte mit dem Schwanz und lief zu seinem Herrn.

Daudi, Johann und M'gogo sahen sich an und nickten.

Daudi streichelte den kleinen Hund.

»Erinnere dich«, sagte Daudi zu M'gogo, »Jesus sagt: ›Wenn ihr mich liebt, so haltet meine Gebote!‹«

Rote Farbe und ein Spiegel

Daudi hielt einen großen Spiegel in der Hand. Alle, die zum Lagerfeuer kamen, sammelten sich um ihn, um sich im Spiegel zu betrachten.

»Spiegel sind eine sehr weise Erfindung«, meinte Johann, der gerade einen kleinen Hund geschnitzt hatte.

M'gogo verglich sein großäugiges Hündchen zu seinen Füßen mit der hölzernen Figur in Johanns Hand.

»Es gibt noch einen anderen Spiegel, der es euch möglich macht, in euer Inneres zu blicken. Die Dschungeltiere werden euch helfen, das zu verstehen.«

Vumbe war ein dunkelbrauner Affe, der sich für alles interessierte. Er verbrachte eine Menge Zeit damit, Unheil zu stiften oder in dem Müllhaufen beim Dschungelkrankenhaus herumzuwühlen.

Eines Morgens fand er etwas sehr Erfreuliches: eine fast leere Büchse mit roter Farbe.

Er rannte durch den Busch, presste seinen Schatz an sich und lachte vor Freude.

Die Giraffe Twiga sah ihn und war sofort alarmiert. Sie senkte ihren Hals, denn sie ahnte Schlimmes.

Die Neugier ließ Vumbe keine Ruhe. Er ging ein wenig abseits, um sein Vergnügen allein zu genießen, und da hörte ihn Twiga am Deckel der Büchse herumwerkeln.

Twiga tat, als ginge sie das alles nichts an. Aber sie ließ Vumbe nicht aus den Augen. Als sein Kopf bis zu den Ohren in der Büchse verschwand, fühlte sie ein Kribbeln in den Wangen. Dann sah sie, wie langsam ein seltsam verziertes Affengesicht wieder aus der Büchse auftauchte.

Vumbe konnte das Öl riechen, aber wie er auch seine Augen drehte und wendete: Es gelang ihm nicht, sein Gesicht zu sehen.

Twiga musste husten und konnte nur mit Mühe das Lachen unterdrücken.

»Vumbe«, sagte sie heiser, »dein Gesicht wird deiner Familie keine Freude machen. Und du selbst wirst auch keine Freude haben, denn du kennst ja die harte Pfote deines Onkels.«

Vumbes Mund zitterte und eine Träne kullerte an seiner Nase herab. Er ließ die

Büchse fallen. Zaghaft fragte er: »Was soll ich denn tun?«

Die Giraffe knabberte an den Schösslingen der Dornbäume und überlegte angestrengt. Dann wandte sie sich an Vumbe: »Du Unglückswurm! Geh zu dem Paw-Paw-Baum am Krankenhaus und dann vorsichtig durch die Tür. Dort wirst du so etwas wie ein kleines, glänzendes Fenster entdecken. Guck hinein, dann wirst du dich selbst sehen. Dieses nützliche Ding heißt ›Spiegel‹. Es ist wirklich eine kluge Erfindung. Er wird dir zeigen, was mit dir los ist und wie du es wegbekommst. Dazu benutzt man nämlich dieses glänzende Ding.«

Der kleine Affe wartete nicht länger. Er verdrückte sich eilig in Richtung Krankenhaus. Je näher er dem Haus kam, umso vorsichtiger bewegte er sich.

Er spähte durch den Zaun, kletterte über ihn und blickte hierhin und dahin. Da war der Paw-Paw-Baum, da die Tür und dort befand sich das Fenster der Weisheit.

Er holte tief Atem und sprang durch die Tür. Aber bevor er sich betrachten konnte, hörte er Stimmen von draußen.

Vumbe packte den Spiegel, sprang durch das Fenster, auf den Granatapfelbaum und von da auf das Dach.

»Halt, du Dieb!«, rief jemand, und ein großer Stein sauste durch die Luft.

Vumbe sprang über eine Mauer, kroch durch eine Hecke und rannte um Bäume herum, bis er schließlich keuchend unter einem Jifustrauch anhielt.

Er wollte sich gerade im Spiegel betrachten, als der Schakal vorbeikam. Vumbe war sehr befriedigt mit dem Eindruck, den der Spiegel auf den Partner der Hyäne machte. Selbst die Frau des Löwen Simba blickte ihm nach – das hatte sie noch nie getan.

Der kleine Affe machte dann eine Runde über die größeren Buyubäume, um bei seinen Freunden und Verwandten Eindruck zu machen. Er kam sich sehr wichtig vor, als er sah, wie alle Augen sich ihm zuwendeten und man über ihn sprach.

Er stieß zufriedene Laute aus, hörte aber plötzlich auf, als er Twiga erblickte, die ihn etwas befremdet ansah.

»Hast du in den Spiegel gesehen, kleiner Affe?«

Vumbe schüttelte den Kopf. Dabei bemerkte er, wie etwas vor ihm hertanzte. Als er nun den Spiegel hin und her bewegte, warf dieser ein helles Strahlenbündel auf den Boden.

Neugier erwachte in ihm. Er richtete den Lichtstrahl auf Twigas forschende Augen, die zu blinzeln anfing und ihren Hals schnell wegdrehte.

Vumbe schlug vor Freude einen Purzelbaum und lief weiter in den Dschungel hinein.

In dem tiefen grünen Schatten sah er Lwa-Iwa, die Schildkröte, und richtete den Strahl genau auf ihre Knopfaugen. Geblendet zog die Schildkröte schnell ihren Kopf unter die Schale und schimpfte mit schriller Stimme: »Hör sofort damit auf oder ich werde dem Ältesten deiner Sippe Bescheid sagen.«

Vumbe schaukelte vor Freude mit seinem Schwanz. Nein, was konnte man mit diesem Ding, das Spiegel hieß, nicht alles anstellen!

Dann richtete er den Lichtstrahl auf die Augen des Flusspferds, das daraufhin so heftig niesen musste, dass es Vumbe an ein

Gewitter erinnerte. Er lachte, bis ihm die Rippen wehtaten.

Twiga ging dem mutwilligen Affen nach, der noch immer mit seinem Schwanz schaukelte, und sagte sanft: »Kleiner, du bist so darauf aus, andere zu ärgern, dass du ganz vergessen hast, wie deine Nase aussieht. Ein Spiegel ist dazu da, um hineinzusehen, und nicht, um damit zu spielen. Mit dem Licht, das er zurückwirft, kannst du in dunkle Ecken hineinleuchten. Es hilft dir, Gefahren wie Leoparden oder Pythonschlangen zu erkennen und zu vermeiden.«

Doch Vumbe schnitt eine Grimasse und verdrückte sich auf einen Ameisenhaufen. Dort sah er, wie ihm Mbisi, die Hyäne, zublinzelte. Er beugte sich zu ihr hinunter und hörte sie flüstern: »Hör nicht auf die Giraffe! Schau nicht in das Ding da, sonst bekommst du Angst.«

Vumbe erschauerte.

»Wickle es in ein Bananenblatt und versteck es«, riet Mbisi und hinkte in Richtung Müllhaufen davon.

Der mutwillige Affe beschloss, den Spiegel nur noch ein einziges Mal zu gebrauchen, diesmal bei seinem Onkel Nyani, der behaglich Bananen verzehrte.

Vumbe bewegte den Spiegel und Nyani blinzelte tatsächlich, als das Licht in seine Augen drang. Er beschattete seine Augen und spähte umher, woher der Lichtstrahl stammte. Undeutlich erkannte er Vumbe.

Twiga sah, dass Unheil drohte, und kam näher.

Nyani fuhr fort, seine Augen zu verdrehen, während der Lichtstrahl über sein Gesicht tanzte. Zwischen zusammengepressten Zähnen stieß er böse Worte hervor: Drohungen gegen den übermütigen kleinen Vumbe, die einem das Blut erstarren lassen konnten. Mit in jahrelanger Übung erworbener Geschicklichkeit schälte Nyani eine überreife Banane, seine haarigen Arme schossen vor und – platsch! – Vumbe taumelte zurück, stolperte und fiel hin. Den Spiegel hielt er über seinem Kopf. Sein Gesicht war jetzt nicht nur mit roter Farbe, sondern auch mit überreifem Bananenbrei verziert.

Mbisi, die Hyäne, ließ ihr hässliches Lachen hören, als sie den kleinen Affen unter den harten Schlägen seines Onkels jammern hörte.

Twiga wartete eine Weile und kam dann zu dem Baum, an dem der kleine Affe stand, um sich vom Dschungelwind die schmerzenden Stellen kühlen zu lassen.

»Kleiner Affe«, meinte Twiga, »was nützt dir ein Spiegel, wenn du ihn nicht gebrauchst, wofür er da ist? Er ist kein Spielzeug und kein Schmuck und kein Zauber.«

Aber so sind Affen nun einmal: Vumbe drehte der Giraffe den Rücken zu, wickelte den Spiegel in einen langen Streifen Buyurinde und stopfte ihn in ein passendes Loch des Familienbaums.

»Die Bibel ist der große Spiegel Gottes«, sagte Daudi. »Schaut hinein, und ihr seht euch so, wie Gott euch sieht. Man muss die Bibel nur lesen. Eine zugeklappte Bibel in einem Bücherregal nützt ihrem Besitzer gar nichts. Auch wenn wir sie nur für andere lesen und nicht für uns selbst, nützt sie uns so wenig wie der Spiegel dem Affen.«

Erstaunte Blicke trafen Daudi. »Aber die Bibel ist doch kein Spiegel«, sagte ein Mädchen, das

erst vor einer Woche von seinen Eltern her-
gebracht worden war. Daudi fuhr fort:

»Die Bibel will dir zeigen, wie du bist, und sie
will dir auch zeigen, wie Jesus ist. Er liebt dich
und er will dich von all den schmutzigen und
belastenden Dingen befreien, die dir so viel
Mühe machen. In Gottes Wort, diesem großen
Spiegel, steht: ›Wer in das vollkommene Ge-
setz der Freiheit aufmerksam hineinschaut, sich
darin vertieft und so kein vergesslicher Hörer,
sondern ein tätiger Vollbringer ist, der wird
glücklich sein.‹«

Das hatten die Kleinen sicher nicht verstan-
den. Deshalb fuhr Daudi fort: »Der Spiegel, Gottes Wort, zeigt mir immer wieder, wo ich mich
schmutzig gemacht habe. Und jeden Tag bitte
ich Jesus, mich zu reinigen. Aber ich schaue
nicht in Gottes Spiegel, um nur mich zu sehen.
Er zeigt mir ja auch Jesus! Und Jesus sehen, ihn
wirklich anschauen und betrachten, wie er lebt,
spricht, heilt und tröstet: Das ist das Schönste
im Spiegel Gottes.«

»Hongo«, kam es aus den hinteren Reihen. Es
war dunkel. Daudi konnte nicht sehen, wer es
gesagt hatte.

Der Affe als Medizinmann

»Ist es das Wichtigste, einem Hungrigen ein neues Hemd zu schenken?«, fragte Johann.

»Oder«, unterbrach Daudi, »gibt man ihm zuerst ein Paar Schuhe?«

»Heh«, meinte M'gogo, »was bedeutet das?«

Daudi sah auf den kleinen Hund herunter, dessen linkes Vorderbein einen Verband trug, und fing an zu erzählen:

Grogi war ein mageres Äffchen und nicht sehr gesund. Sein Zustand kam zum großen Teil davon, dass es sich weigerte, Vitamine zu essen. Es hatte sehr schwache Beine.

Eines Morgens, als sich der unglückliche Grogi kratzte, hörte er, wie Nyani von dem lernbegierigen Affen Pilli erzählte. Zu seinem Geburtstag hatte er ein Buch bekommen: »Medikamente und Erste Hilfe für Affen und andere Tiere«.

Nyani erzählte sehr interessant von Pillis Abenteuern und was er schon geleistet habe. Grogi hörte zu. Seine Ohren ließ er schlaff herunterhängen, und seine Augenlider senkten sich.

Plötzlich merkte er, dass alles still war. Er öffnete die Augen ein wenig und sah einen Affen mit ernstem Gesicht auf sich zukommen. Der hatte ein Buch in der Hand und betrachtete seine, Grogis, Beine aufmerksam.

›Sicher, das muss Pilli sein‹, dachte Grogi, als er sah, wie der andere die Seiten umblätterte, bis er zu einem Kapitel kam: Entzündungen, Wunden und Ähnliches.

Pilli las eine Stelle sorgfältig nach, nahm eine Binde aus seiner schwarzen Handtasche und verband trotz Grogis Protesten dessen Bein so, wie es im Buch beschrieben war. Seine Arbeit wurde beträchtlich erschwert durch Grogis Husten und sein rücksichtsloses Sich-Schütteln.

Dies verwirrte den Affen-Medizinmann so, dass er nur die Nase runzelte, als Twiga freundlich fragte: »Kann man nichts gegen seinen Husten tun?«

»Kann man den Schüttelfrost etwa schienen oder den Husten bandagieren?«

Er schloss seine schwarze Tasche und ging durch den Dschungel davon, um Nhembo,

den Elefanten, zu suchen, der glücklicher-
weise in guter Laune war. Geduldig hörte
sich Nhembo Pillis lange Rede an.

Zuletzt stimmte er mit einem kleinen Lä-
cheln – das sieht man am Zucken seines
Rüssels – zu, um für die Wissenschaft als
Versuchstier zu dienen.

Twiga, Lwivi und Mizi beobachteten in-
teressiert, wie Pilli mit großem Geschick
Nhembos Schwanz umwickelte und sein
Werk mit einer Sicherheitsnadel versah.

Durch seinen Erfolg ermutigt, machte sich
Pilli mit einer längeren und breiteren Binde
daran, das andere Ende des Elefanten, seinen
Rüssel, zu bearbeiten.

»Er macht es wirklich geschickt«, piepte
Mizi.

»Ngeeh«, stimmte Twiga zu, »aber mit
Bandagen ist längst nicht alles für die Gesundheit getan.«

Am nächsten Morgen, als Pilli die Beine
des kranken Affen behandelte, beugte Twiga
ihren Kopf zu ihm hinunter und murmelte:
»O Affe, meinst du nicht, dass man Medizin finden könnte, um die Brust deines Verwandten zu heilen?«

Pilli hielt inne und sah die Giraffe lange und kühl an, ohne ein einziges Mal zu blinzeln, und erwiderte: »Und nun bist du vielleicht so gut und erlaubst, dass ich auf meine Weise mit der Arbeit fortfahre!«

In jener Nacht wurde der Schlaf der Dschungelbewohner durch das Brüllen des Flusspferds und seiner zahlreichen Genossen gestört.

Auch Pilli hörte diesen Lärm und beschloss, in seinem Buch das Kapitel über die Mandeln nachzulesen. Denn wenn jemand solchen Lärm machte, brauchte er meistens »Erste Hilfe«. Er hatte gerade sein Lieblingskapitel wieder durchgelesen, als Boohoo kam. Seine Stimme war heiser und um den Hals hatte er eine Kompresse von Wasserrosenwurzeln.

Twiga sah, wie Boohoo zu Pilli ging und mit heiserer Stimme auf ihn einredete. Dann sagte Pilli: »Mach das Maul weit auf!«

Er befahl dem Flusspferd, »Aaah!« zu sagen. Als er dann in die Tiefen des großen Mauls spähte, musste er sich an einem großen Zahn des Flusspferds festhalten.

Pilli nickte weise, entfernte die Wasserrosenwurzeln und schmückte den riesigen Hals Boohoos mit einem schönen weißen Dreieckstuch, das jedoch bald darauf im Sumpf schmutzig wurde. Boohoos Hals tat weiter weh.

Mittags kam Pilli, um Grogis Beine neu zu bandagieren. Der kranke Affe saß unter dem Buyubaum.

Suku, der sehr besorgt war wegen der seltsam keuchenden Geräusche, die der Kranke beim Atmen ausstieß, sagte: »O Pilli, ist es nicht das Wichtigste, die inneren Krankheiten deines Verwandten auszukurieren? Sind nicht manche Dinge wichtiger als andere?«

Pilli sagte kein Wort, aber die Art, wie er seinen Schwanz kringelte und die Mundwinkel hochzog, ließ keinen Zweifel darüber, was er von der Intelligenz eines Papageien hielt.

Die Tage vergingen, und Twiga wurde immer besorgter, wenn sie das Husten des kranken Affen hörte und sah, wie Grogis Rippen von Tag zu Tag mehr hervortraten.

»Das Allerwichtigste«, sagte Twiga, indem sie sich zu Pilli niederbeugte, der wieder die Beine des Kranken bandagierte, »ist sein Leben, nicht seine Beine.«

Aber Pilli wollte nicht hören. Er rümpfte die Nase und antwortete: »Ich dulde keine Einmischung von außen, wenn ich einen Patienten behandle.« Damit war Twiga entlassen.

Drei Tage später kam er wieder mit einer Tasche voller Binden und fand eine Gruppe ernst blickender Affen vor, die am Fuß des Familienbaums standen. Sie teilten ihm die traurige Nachricht mit: »Grogi ist tot.«

Die Nase des Affen-Medizinmanns krauste sich ärgerlich: »Das kann nicht sein«, sagte er. »Ich habe seine Beine jeden Tag mit großem Geschick umwickelt.«

Twiga hörte diese Worte und wandte sich an Lwivi und Suku, die beide auf dem obersten Ast des Dornbaums saßen: »Könnte es nicht sein, dass Beine bandagieren nicht gerade die beste Behandlung für die Krankheit ist, die die Schwanzlosen ›Lungenentzündung‹ nennen? Man kann den Tod nicht an der Arbeit im Innern des Körpers hindern, selbst nicht mit den schönsten schneeweißen Binden.«

Die Zuhörer nickten. Daudi stand auf.

»Es ist wichtig, dass ihr eure Hände wascht. Aber vergesst eure Herzen nicht! Und denkt daran, dass die Gesundheit eures Körpers längst nicht so wichtig ist wie die Gesundheit eurer Seele. Und dass das irdische Haus eines Menschen nichts ist, verglichen mit der Wohnung, die Jesus ihm im Himmel machen will. Deshalb achtet auf das, was wirklich wichtig ist! Jesus sagt: ›Am wichtigsten ist das Reich Gottes.‹«

»Und dass wir dazugehören«, sagte einer der größeren Jungen.

M'gogo sah lächelnd zu Daudi auf.

»Hongo, bis jetzt wusste ich noch nicht, warum du mir das junge Hündchen geschenkt hast. Seine Augen sahen noch kaum und seine Beine waren noch unsicher. Aber nun verstehe ich es!«

Daudi erwiderte nichts, er lächelte nur. M'gogo fuhr fort: »Mit viel Sorgfalt und Mühe habe ich ihn gefüttert, gewaschen und erzogen.«

»Und als er kürzlich krank war?«

»Da habe ich dich um Rat gefragt und ihm dann die Medizin gegeben, die ihn gesund gemacht hat!«

Der Afrikanerjunge rollte die Augen bei dieser Erinnerung, denn kleine Hunde mögen Medizin nicht immer.

Daudi fragte weiter: »Du sagst, du verstehst es nun?«

M'gogo nickte. »Ja, als mein Hund geboren wurde, war er noch ganz schwach. Er konnte noch keine Knochen fressen, und deshalb habe ich ihn geduldig mit Milch gefüttert. Anfangs hätte Panya, die Ratte, ihn ohne Weiteres töten können, aber bald wurde er größer. Doch selbst ein größer werdender Hund hat keine Chance gegenüber einer Hyäne, außer sein Herr ist in der Nähe und der Hund hat gehorchen gelernt.

Als das Hündchen heranwuchs, da war es in großer Gefahr durch Hyänen und Leoparden. Das hätte schlimm ausgehen können, hätte ich meine Augen nicht offen gehalten.

Hongo! Wie mutwillig es war! Manchmal schaute es so unschuldig drein, dass ich sofort wusste: Es hatte etwas angestellt. Aber es konnte mich nicht täuschen, weder als meine Sandale verschwunden war, noch als es sein Vorderteil unter einer Mülltonne versteckt hatte. So habe ich beobachtet, wie es Gutes oder Böses tat, wie es gehorchte oder ungehorsam war.«

M'gogo zeichnete mit seiner Zehe kleine Muster in den Staub und sagte sanft: »Mein Herz freute sich, als ich gemerkt habe, wie seine Liebe zu mir größer wurde. Ich habe das daran erkannt, dass es mehr um mich herum sein wollte und auch gern tat, was ich ihm sagte.«

M'gogo sah lächelnd auf. »Du siehst, Großer, was ich bei meinem kleinen Hund beobachtet habe, das geschieht auch in mir, seit ich ein zweites Mal geboren worden bin.«

Einen Augenblick schwieg er, dann fuhr er fort: »Deine und Johanns Worte öffnen die Augen meiner Seele und lassen ihre Beine wachsen.

Und hat Gott nicht dieselben Probleme mit mir wie ich mit meinem kleinen Hund?«